**Como você pode rir de uma coisa dessas?**

**Hugleikur Dagsson**

# Como você pode rir de uma coisa dessas?

**Tradução**
**Luciano Dutra**

Copyright © Hugleikur Dagsson, 2005
Título original: Forðist okkur
Publicado em acordo com Forlagið
e Vikings of Brazil Agência Literária e de Tradução Ltda.

Traduzido do islandês

Revisão: Natália Guirado

Letras: Lilian Mitsunaga

---

**Dados Internacionais de Catalogação na Publicação (CIP)**
**(Câmara Brasileira do Livro, SP, Brasil)**

---

D127    Dagsson, Hugleikur
         Como você pode rir de uma coisa dessas? /Hugleikur Dagsson.
    Tradução de Luciano Dutra. – São Paulo: Veneta, 2014.

    160 p.
    ISBN 978-85-631-3715-9

    1. Literatura Islandesa. 2. Humor. 3. Sátira. 4. Questões Sociais. I. Título.
    II. Dutra, Luciano, Tradutor.
CDU 82-7                                                                 CDD 890

---

Rua Araújo, 124, 1º andar, São Paulo
contato@editoraveneta.com.br

# Prefácio

Finalmente o leitor brasileiro pode conhecer este livro. Na Islândia ele é famoso e considerado uma boa obra. *Como você pode rir de uma coisa dessas?* é uma coletânea de três pequenos livros que foram lançados separadamente para gerar mais lucro. Há mais de 80 anos que se escreve livros na Islândia e lê-los é um dos nossos passatempos favoritos. O clima difícil de lá se torna mais agradável e aconchegante quando você lê um bom livro.

Amai-nos

Hugleikur Dagsson

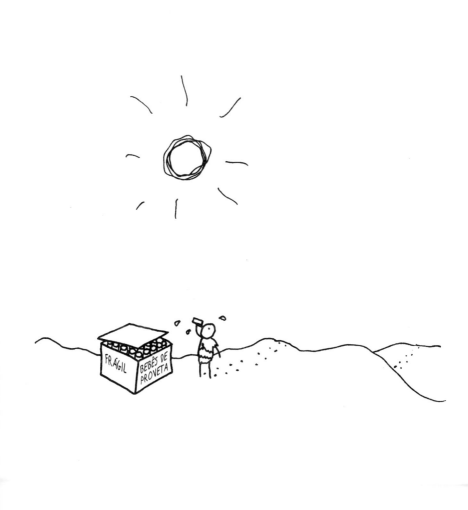

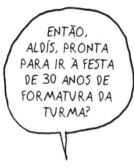

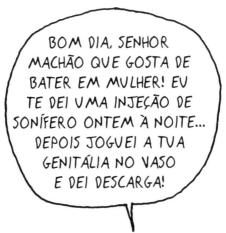